献立も ラクラク 炊飯器に おまかせおかず

管理栄養士
新谷友里江

ごはんを炊くだけでは もったいない。
炊飯器は もっと活用できます

　毎日の食事は、できるだけバランスのいい献立にしたいと思いつつ、家事や仕事で忙しく、それがままならないというかたが多いのではないでしょうか？　私自身も10歳と6歳の子どもがいて、食事作りに十分な時間をかけられない日も多くあります。そんな日は、炊飯器おかずの出番です。内がまに調味料をまぜて具材を加え、スイッチ、ピ！　あとは放っておけるので、その間にさっと別のおかずを作ったり、子どものお迎えに出かけたり、すきま時間を有効活用できるところがとても気に入っています。

　この本の制作を通して、火力が安定していて構造がシンプルな炊飯器だからこそおいしく作れる料理がたくさんあることに気がつきました。さまざまなシチュエーションで活用してもらえるように、ごはん物と主菜を一度に炊飯する間にほかの副菜を作るものや、1回の炊飯で主食と副菜を作れるものなど、家庭でかなえたいリアルな献立をイメージしながらレシピを考えました。小さいお子さんがいる家庭だけでなく、火をあまり使いたくないシニア世代のかたにもおすすめです。みなさんのごはん作りが少しでもラクになって、笑顔で過ごせる時間が増えればうれしいです。

管理栄養士　新谷友里江

炊飯器おかず が カンタンなのにおいしい理由（ワケ）

しっかり味がしみる

加熱しながら煮汁が対流して食材にまんべんなく行き渡るので、かたまり肉や、大根などの根菜、いも類、春雨、こんにゃくなどの味がしみにくい食材も、中まで味がしっかり浸透します。

肉がやわらかくしっとり

時間をかけてじわじわと加熱するので、かたまり肉はもちろん、どんな食材も中まできちんと熱が入ってやわらかく仕上がります。特に肉はしっとり食感に。

煮くずれしない

なべで煮ると、いも類やかぼちゃなどはコトコト煮る間にぶつかり合って煮くずれしやすくなります。炊飯器では食材がほぼ移動しないので、煮くずれしにくい利点があります。

材料の下ごしらえをして、炊飯器に入れてスイッチを押すだけ。
作り方はとってもシンプルなのに
なべやフライパンを使うよりおいしく、失敗なく作れるレシピを考えました。
おいしいワケを知ればもっと活用したくなりますよ。

いも類などは
ほくほくに

さつまいもやじゃがいもなどのいも類、
れんこん、かぼちゃなど炭水化物を
多く含む野菜は、ムラなく熱が通って
ほくほく食感に炊き上がります。

焦げつきの心配なし！

調味料を加える炊き込みごはんなどはほどよ
い"おこげ"ができることもありますが、炊飯器
おかずでは焦げることがありません。コンロと
違って火かげんを気にする必要はありません。

失敗なく作れる

炊飯器に食材を入れてスイッチを入れてしまえ
ば、加熱時間をはかったり、途中で上下を返し
たりする必要がありません。何もしなくていいか
ら、手順を間違えて失敗することはありません。

ノンオイルで作って
カロリーダウンも

炊飯器おかずでは、油で炒めてコクを加えた
りする必要がないので、ほとんどのメインおか
ずは油を使わずにおいしく作れます。

じかのせだと
ごはんに
うまみが移る

内がまの中で下に米を入れ、じかに肉や
野菜をのせて炊く場合は、加熱しながら
その食材のうまみが米に移るので、炊き
上がったごはんのおいしさは格別です。

炊飯器調理の 基本のルール

ルール1

材料を計量する

材料が内がまからはみ出したり、内ぶたに接したりすると、加熱が途中で止まったり、ふたの蒸気口から材料がふき出したりする可能性もあるので、材料の重量を守ってきちんと入れることが基本です。肉や魚介は重量を表示して販売されていますが、野菜は表示がないうえに固体によって重量がまちまちなので、きちんと計量することを習慣化しましょう。

ルール2

炊き込みごはんの具はのせて炊く

米と具をまぜて炊いてしまうと、炊きムラができて米や具にかたいところが残る場合があります。内がまに洗った米、分量の水、調味料を入れ、まぜて平らにならし、その上に具を広げるようにしましょう。

炊飯器に材料を入れるときに気をつけてほしいことがいくつかあります。
それをきちんと守れば、おいしくできること間違いなし。
スイッチを押したあとはラクちんです。

ルール3

おかずは火の通りにくいものを下に

食材をどの位置に入れても熱は通りますが、火の通りにくいものや味がしみ込みにくい食材を熱源に近い下のほうに入れると効率よく加熱できます。

＼ 火の通りにくい肉を下に ／

うまみをしみ込ませたい
＼ 根菜やこんにゃくを下に ／

ルール4

内がまの中でごはん以外をまぜるならシリコン製のもので

調味料をまぜたり、炊き上がったおかずに水溶きかたくり粉を加えてとろみをつけたり、内がまの中でまぜる作業はいろいろとあります。金属製のへらやスプーンを使うと傷がついて表面のフッ素樹脂加工がはがれやすくなるので、傷をつけにくい素材のものを使って。

調味料をまぜるときは
＼ 内がまのカーブを利用して ／

ルール 5

内がまからはみ出さない

ルール1でも述べましたが、材料が内がまからはみ出すとうまく加熱できません。きちんと計量していても詰め方によっては材料が少し盛り上がってしまうこともあるので、内がまよりも高くならないように少し押し込むようにしましょう。スイッチを押す前に必ず確認してください。

ルール 6

炊飯器のモードの使い分け

炊飯器にはいろいろなモードがあります。この本ではほとんどは「ふつうモード」「早炊きモード」で炊きますが、違うモードを使う料理もあるのでモードの確認を忘れずに。

モードボタンを確認してスイッチを入れる

ふつうモード

ふつうにごはんを炊くモードで、炊飯器によっては「白米」と表示されていることが多いようです。炊き込みごはんやピラフはもちろん、多くのおかずがこのモードです。

早炊きモード

30分くらいで炊き上がるモード。PART3のおかずはこのスイッチで作れます。米に芯を少し残したいリゾットを炊くときにも使います。

おかゆモード

おかゆをとろとろに炊き上げるにはこのモードで。

保温モード

炊飯器の保温機能は60～70度をキープしているので、鶏ハムを作るならこのモードで。水溶きかたくり粉でとろみをつけたりするときにも保温モードを使います。

ルール 7

炊き上がったおかずやごはんはすぐにまぜて早めに食べて

炊けてからしばらくおいてしまうと、ごはんがややかたくなったり、おかずの味が濃くなったりすることも。特に2～3品を同時に作る場合は、上にのせたものをとり出したあとのごはんはすぐにまぜて。また、リゾットは食感が変わってしまうため、できたてを食べましょう。

炊いたあとに
保温も活用

保温モードは鶏ハムを作るとき以外にも活用
できるので、ワザを知っておきましょう。

とろみをつける

麻婆どうふなど煮汁にとろみをつけたいものは、炊
いたあとに水溶きかたくり粉を加えまぜて保温す
ればOK。クリーム煮は煮汁に小麦粉を振り入れて
まぜ、保温を。

青み野菜は保温だけで熱を通す

にらやかぶの葉などの青み野菜はほかの食材と一
緒に炊いてしまうと、くたっとして食感が損なわれ
たり、黒ずんだりすることもあるので、おかずを炊い
たあとに加えて5〜10分保温する。

チーズを溶かす

おかずを炊いたあとに、チーズをのせて5分ほど保
温する。とろりとして肉にまんべんなくからまる。

（ こんな場合も ）

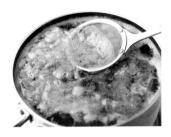

アクの強い肉は
ゆでこぼす

牛すじ肉はそのまま炊いてし
まうと、おかず全体にアクがか
らんでしまうので、炊く前にゆ
でこぼしてアクを除くとよい。

うまみを
加えるために焼く

炊飯器で炊くだけでは香ばしさ
はないので、スペアリブなどは焼
きつけて香ばしいうまみを引き出
してから炊くとよりおいしくなる。

5.5合炊きの一般的な
炊飯器で調理を

本書では5.5合炊き炊飯器の容
量に合わせて材料の分量を割り出
しています。スイッチを入れて炊き、
炊き終わったらそのまま保温する、
一般的な機能を利用してください。

炊飯器の お手入れ のこと

毎日気持ちよく使いたいから、使い終わったら洗う！を
習慣にして清潔な状態を保ちましょう。

使うたびに洗うもの

お手入れは差し込みプラグを抜き、本体、内が
ま、内ぶたが冷めてから作業します。内がまと
内ぶたはとり外し、台所用洗剤をうすめた水ま
たはぬるま湯で、やわらかいスポンジを使って
洗います。乾いたやわらかいふきんで水分をふ
きとり、本体にセットします。研磨粒子がついて
いるスポンジや金属たわしなどは、内がまや内
ぶたを傷つけてしまうので使わないでください。

内がま

内ぶた

汚れるたびに
お手入れするもの

ごはん粒はいたるところにつくことがありま
す。ふたのストッパー部など入り組んだとこ
ろはスポンジでは洗いにくいので、綿棒を
使うととり除きやすいです。本体も煮汁など
がついたら、かたくしぼったやわらかい布で
きれいにふきとりましょう。

においが気になるときには

おかずを作ったとき炊飯器内ににおいが残ることもありま
す。機種によりますが、洗浄機能がついている炊飯器もあり
ます。その場合は、内がまに規定の量の水を入れ、洗浄を。
においによっては完全にとれない場合もあります。

この本の特徴

この本では、炊飯器でおいしく手軽に作れる献立、おかずをたくさん掲載しています。
レシピの特徴を知っていると、よりスムーズに活用できます。

栄養バランスを考慮した献立

著者は管理栄養士でもあるので、PART1〜3の献立では、肉や魚介などのたんぱく質に野菜をたっぷり使った栄養バランスのよい献立を心がけました。育ち盛りの子どものいる家庭にもぴったりの献立です。

Happy Pointでは使っている食材から献立の魅力を紹介

食べごたえ、手軽さ、子どもウケ、彩りなどを意識しながら、使う食材を選んでいます。お気に入りの食材や簡単そうな調理のコツを見つけたら、その献立にトライしてみてください。

お役立ちMemoは献立作りをラクにする、おいしく食べるためのヒントに

かわりに使ってもよい食材、盛りつけのヒント、スイッチを入れるタイミングなど多岐にわたるヒントを紹介。

どの献立も材料は2〜3人分

子育てに忙しい家庭を意識して、大人2人に小さいお子さん1〜2人の分量を基本に考えています。大人2人なら、かなりたっぷり食べられます。

この本の使い方

- ●炊飯器は5.5合炊きのものを使用しています。
- ●小さじ1＝5mℓ、大さじ1＝15mℓです。
- ●米は、1合＝180mℓです。
- ●「だし」は和風のだしです。こぶや削りがつおは好みのもの（市販品でもOK）を使ってください。洋風スープのもとは特に記載のない場合、コンソメ、ブイヨンなどを好みで使用してください。
- ●「小麦粉」は特に指定のない場合、薄力粉です。

- ●レシピ上、野菜を「洗う」「皮をむく」などの作業は省略しています。特に表記のない場合、それらの作業をすませてからの手順を説明しています。
- ●この本で使用した炊飯器は、すべてタイガー圧力IHジャー炊飯器〈炊きたて〉5.5合炊きの【JPV-A100】です。調理はこの炊飯器で行い、レシピどおりに作ることでおいしくでき上がることを確認しています。ほかのメーカーのものでも作れますが、でき上がりに多少差が出る場合があります。お使いの炊飯器の取扱説明書をあらかじめごらんください。

目次

PART 1

炊いている間にささっと副菜
ごはん物&主菜は炊飯器におまかせ 3品献立

PART 2

炊いている間に副菜や汁物を作る
具だくさんごはんは炊飯器の得意ワザ 2品献立

Column

少量のフルーツで作るから手軽！
ほったらかしで手作りジャム ……… 52
・いちごジャム
・りんごジャム
・キウイフルーツジャム

PART 3

40分以内で完成！

炊飯器で主菜を炊く間に副菜を作る

早炊きモード献立 活用

Column

すぐに使える食材で
簡単度アップ！

PART 4 炊飯器だからおいしい ごちそうメニュー

PART 1

炊いている間にささっと副菜

ごはん物&主菜は炊飯器におまかせ

3品献立

① 下ごしらえをした材料を入れる

内がまに米、水、調味料を入れたところに、主菜の材料をのせる。

② ふたをしてスイッチオン

火かげんを気にせず
ほったらかしでOK
▼
炊飯中

副菜や汁物を
もう1品作ったり、
ほかの家事もできる

炊く間にサラダを作って。

ごはん物と主菜の下ごしらえをして
炊飯器に入れてスイッチを押すだけで
炊き上がりには、2品が同時に完成！
炊く間に電子レンジなどを利用して
副菜を作れば、3品がラクラクできちゃいます。
手間なしで味つきごはんを作れるのも魅力です。

③ （3品が完成！）

炊き上がり

1品目

レンチンで

3品目

炊飯器で →

2品目

主菜をとり出して、ごはんをまぜる。

スイッチ ピッ で完成する
夢のオールインワンレシピも！

「豚バラと白菜のはさみ蒸
し献立」(p.20)は、ごはん物、
主菜、副菜の3つを炊飯器
で完成させるレシピです。

シンプルな
ドレッシングでさっぱり味

いんげんとハムのサラダ

バターの
まろやかさでまったりと

キャベツバターライス

香りのよいマイルドな
ソースでおいしさアップ

コーンつくねの
カレーマヨソース

ごはんも一緒に
炊けちゃう！

コーンつくねの
カレーマヨソース 献立

つくねは途中で上下を返さなくても均等に加熱されるため、形がきれいなままでふんわりふっくら。
キャベツの甘みたっぷりのごはんも絶品です。

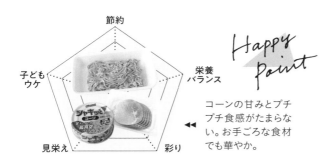

節約

子ども
ウケ

栄養
バランス

見栄え

彩り

Happy point

コーンの甘みとプチ
プチ食感がたまらな
い。お手ごろな食材
でも華やか。

材料(2〜3人分)

コーンつくねの カレーマヨソース

鶏ひき肉…300g

ホールコーン缶…1缶(65g)

A [
かたくり粉…大さじ1
酒…大さじ½
塩…小さじ¼
こしょう…少々
]

B [
マヨネーズ…大さじ2
牛乳…小さじ2
カレー粉…小さじ1
塩…少々
]

クレソン…適量

いんげんと ハムのサラダ

ハム…2枚

さやいんげん…10本(80g)

ミニトマト…8個(80g)

C [
オリーブ油…大さじ1
酢…小さじ2
塩…小さじ⅓
こしょう…少々
]

キャベツバターライス

米…1.5合(270㎖)

キャベツ…2枚(100g)

D [
白ワイン…大さじ1
塩…小さじ½
こしょう…少々
]

バター…10g

作り方

下ごしらえをする

1 ▶ コーン缶は缶汁をきる。ボウルに
ひき肉、コーン、**A**を入れてよく
ねりまぜ、6等分して円形にととの
える。

2 ▶ キャベツは3〜4㎝四方に切る。

3 ▶ 米は洗って水けをきる。

炊飯器に入れて炊く

4 ▶ 内がまに米、水270㎖、**D**を入れ
てさっとまぜ、キャベツを広げて
のせる。その上に**1**を重ならない
ように並べ入れ、ふつうに炊く。

ふつう
モード
ピッ

炊く間にサラダを作る

5 ▶ いんげんは長さを3等分に切って耐熱ボウルに入れ、ふん
わりとラップをかけて電子レンジで1分30秒加熱し、水け
をふきとってボウルに戻す。ハムは半分に切って1㎝幅に切
り、ミニトマトは縦半分に切って加え、**C**をまぜて加え、さ
っとまぜる。

仕上げる

6 ▶ **4**が炊けたらコーンつくねをとり出
し、ごはんにバターを加えてさっ
とまぜる。

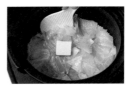

7 ▶ 器にコーンつくねを盛り、**B**をまぜ
合わせてかけ、クレソンを添える。

19

豚バラと白菜の
はさみ蒸し献立

ごはんも
一緒に
炊けちゃう!

白菜の形を生かしたはさみ蒸しも
内がまに沿わせるようにして
入れれば、見栄えよく完成。
ごはんは少しやわらかめの仕上がりに。
豚肉のうまみが行き渡っています。

わかめごはん

わかめを
加えるだけで
炊き込みごはんに

春菊としいたけのサラダ

春菊の茎はしんなり、
葉は生であと入れに

肉のうまみと甘みが
白菜にもしみしみ

豚バラと白菜のはさみ蒸し

ボリューム

節約　　　　　　　野菜

ラク　　　　　　コクうま

Happy Point

白菜をくし形のまま使うから、見た目のボリュームは満点。副菜も合わせて野菜たっぷり。

材料（2〜3人分）

豚バラと白菜のはさみ蒸し

豚バラ薄切り肉…200g
塩…小さじ¼
こしょう…少々
白菜…⅙個（500g）

A ┌ オイスターソース…大さじ2
　│ 酢…小さじ2
　└ ごま油…小さじ2

春菊としいたけのサラダ

春菊…½束（75g）
しいたけ…3個（60g）

B ┌ オリーブ油…大さじ1
　└ 塩…小さじ¼

わかめごはん

米…1.5合（270㎖）
わかめ（乾燥）…大さじ1
塩…小さじ¼

作り方

下ごしらえをする

① ▶ 春菊は葉を摘んで大きければ長さを半分にちぎり、茎は5㎝長さに切る。

② ▶ 豚肉は一口大に切って塩、こしょうを振る。白菜は縦半分に切って2つに分け、それぞれの葉と葉の間に豚肉を均等にはさむ。

③ ▶ 米は洗って水けをきる。

炊飯器に入れて炊く

④ ▶ 内がまに米、水270㎖、塩を入れてさっとまぜ、わかめを散らす。2を内がまの丸みに沿わせて芯の部分が重ならないように入れる。しいたけ、春菊の茎をのせ、ふつうに炊く。

ふつうモード　ピッ

仕上げる

⑤ ▶ 炊けたら春菊の茎、しいたけ、豚肉と白菜のはさみ蒸しをとり出す。ごはんをさっとまぜる。

⑥ ▶ しいたけは5㎜厚さに切ってボウルに入れ、春菊の茎、春菊の葉、Bを加えてさっとあえる。豚肉と白菜のはさみ蒸しを食べやすく切って器に盛り、Aをまぜてかける。

レモン風味の
さわやかさがうれしい

ブロッコリーの
レモンマリネ

一口ほおばると
ほろりとくずれる

タンドーリチキン

カレーピラフ

コーンのプチプチ
食感が楽しい

ごはんも一緒に
炊けちゃう！

タンドーリチキン献立

炊飯器で炊くから、鶏肉はたれに10分つけるだけでしっとりやわらかい。
カレー味のチキンとピラフには、さっぱりテイストの副菜を合わせます。

ボリューム

脱マンネリ　栄養バランス

Happy Point

から揚げ用の鶏肉を使って、切る手間なし。カレーの黄色にブロッコリーの緑が映える。

ラク　彩り

お役立ちMemo

マリネを小鉢に入れてワンプレートに盛りつけても。チキンとピラフは色合いが近いので、グリーンカールやレタスなどをプラスすると見た目のバランスがよくなる。

材料(2〜3人分)

タンドーリチキン

鶏もも肉(から揚げ用)…300g

A
- しょうがのすりおろし…1かけ分
- にんにくのすりおろし…1かけ分
- プレーンヨーグルト…50g
- トマトケチャップ…大さじ2
- カレー粉…小さじ2
- 塩…小さじ½
- こしょう…少々

グリーンカール…適量

カレーピラフ

米…1.5合(270㎖)
赤パプリカ…½個(75g)
ホールコーン缶…1缶(65g)

B
- 酒…大さじ1
- カレー粉…小さじ1
- 塩…小さじ½
- こしょう…少々

ブロッコリーの
レモンマリネ

ブロッコリー…½個(120g)

C
- オリーブ油…小さじ2
- レモン汁…大さじ½
- 塩…小さじ¼
- こしょう…少々

作り方

下ごしらえをする

① ▶ ボウルにAをまぜ合わせ、鶏肉を加えてからめ、10分ほどつける。

② ▶ パプリカは1cm四方に切り、コーン缶は缶汁をきる。米は洗って水けをきる。

炊飯器に入れて炊く

③ ▶ 内がまに米、水200㎖、Bを入れてさっとまぜる。1の鶏肉を内がまの片側に重ならないように並べ入れ、つけだれを肉の上にのせる。肉がのっていないほうにパプリカ、コーンを広げ入れ、ふつうに炊く。

ふつうモード ピッ

④ ▶ **炊く間にマリネを作る**

ブロッコリーは小房に分けて耐熱ボウルに入れ、ふんわりとラップをかけて電子レンジで2分加熱する。水けをふきとり、Cを加えてさっとあえる。

⑤ ▶ **仕上げる**

3が炊けたらタンドーリチキンをとり出し、カレーピラフをさっとまぜる。器にグリーンカールを敷いてタンドーリキチンをのせ、ピラフを盛る。

野菜の肉巻き献立

焼いて作る肉巻きは肉が縮みがちですが、
炊飯器で炊くから、肉はふっくらで野菜はジューシー。
具はトマトだけのピラフも肉のうまみが移って満足感あり。

転がしたりせずに
熱が通るから形がきれい

野菜の肉巻き

**かぼちゃの
レモンチーズマリネ**

さわやかな
甘さが好評

トマトピラフ

炊いてからトマトを
くずすだけで簡単

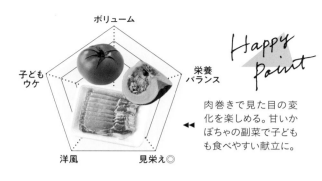

ボリューム

子ども
ウケ

栄養
バランス

洋風　　見栄え◎

Happy Point

肉巻きで見た目の変化を楽しめる。甘いかぼちゃの副菜で子どもも食べやすい献立に。

材料（2〜3人分）

野菜の肉巻き

豚ロース薄切り肉…6枚（120g）
塩…小さじ⅓
こしょう…少々
グリーンアスパラガス
　…6本（120g）
エリンギ…1パック（100g）
グリーンカール…適量

トマトピラフ

米…1.5合（270㎖）
トマト…小1個（150g）
A ┌ 塩…小さじ⅔
　└ こしょう…少々
あらびき黒こしょう…少々

かぼちゃの
レモンチーズマリネ

かぼちゃ…200g
クリームチーズ…20g
B ┌ オリーブ油…大さじ½
　│ レモン汁…大さじ½
　│ 塩…小さじ⅓
　└ こしょう…少々

作り方

下ごしらえをする

① ▶ アスパラガスは根元を落として下⅓のかたい皮をピーラーでむき、長さを半分に切る。エリンギは1本を縦6等分に切る。豚肉に塩、こしょうを振り、アスパラガス、エリンギを⅙量ずつのせて巻く。

② ▶ 米は洗って水けをきる。

炊飯器に入れて炊く

③ ▶ 内がまに米、水200㎖、**A**を入れてさっとまぜ、トマトをヘタのついていた部分を下にしてのせる。あいているところに**1**をのせ、ふつうに炊く。

ふつうモード ピッ

炊く間にマリネを作る

④ ▶ かぼちゃは横半分に切って縦1㎝厚さに切る。耐熱ボウルに入れ、ふんわりとラップをかけて電子レンジで4分加熱する。水けをきり、クリームチーズをちぎり入れ、**B**を加えてさっとあえる。

仕上げる

⑤ ▶ **3**が炊けたら野菜の肉巻きをとり出し、トマトをほぐしながらごはんをさっとまぜ、盛りつけるまでふたをして蒸らす。野菜の肉巻きは食べやすく切る。

⑥ ▶ 器にトマトピラフ、グリーンカール、野菜の肉巻きを盛り、ピラフにあらびき黒こしょうを振る。

チーズと甘ずっぱい
たれが好相性

みそチーズキチン

**さつまいもの
バター蒸し**

バターのまろやかな
風味が漂う

パセリピラフ

香りのよいパセリで
彩りもアップ

ごはんも一緒に
炊けちゃう!

みそチーズチキン献立

とろりとしたチーズも保温モードを使えば簡単。チキンは濃厚な味わいなので、キャベツを添えてさっぱりと。
ほくほくのさつまいもで、献立に甘みを加えます。

ボリューム

子ども
ウケ

節約

味が
キマる

彩り

Happy Point

から揚げ用の鶏肉を
使うから、切る手間な
し。お手ごろな材料で
満足感あり。

材料（2〜3人分）

みそチーズチキン

鶏もも肉（から揚げ用）…300g
塩…小さじ¼
こしょう…少々
キャベツのくし形切り
　…⅛個分（150g）
ピザ用チーズ…50g

A ┌ みそ…大さじ1
　│ 粒マスタード…大さじ1
　└ はちみつ…小さじ2

さつまいもの
バター蒸し

さつまいも（直径約5cmの細めのもの）
　…小1本（200g）

B ┌ バター…10g
　│ 塩…小さじ¼
　└ あらびき黒こしょう…少々

パセリピラフ

米…1.5合（270ml）

C ┌ 白ワイン（または酒）…大さじ1
　│ 塩…小さじ½
　└ こしょう…少々

パセリのみじん切り…大さじ2

作り方

下ごしらえをする

① ▶ 鶏肉は塩、こしょうを振る。さつ
まいもは皮つきのまま縦半分に切
る。

② ▶ 米は洗って水けをきる。

炊飯器に入れて炊く

③ ▶ 内がまに米、水250ml、**C**を入れ
てさっとまぜ、鶏肉を重ならない
ようにのせる。あいているところに
キャベツ、さつまいもをのせ、ふ
つうに炊く。

ふつう
モード　ピッ

チーズをのせて保温する

④ ▶ 炊けたらキャベツとさつまいもをと
り出し、鶏肉にピザ用チーズをの
せてふたをし、5分保温する。

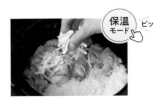

保温
モード　ピッ

仕上げる

⑤ ▶ キャベツは食べやすく切る。さつ
まいもは1cm厚さに切ってボウル
に入れ、**B**を加えてあえる。**A**は
まぜ合わせる。鶏肉をとり出し、
ごはんにパセリを加えてまぜる。
器にパセリピラフ、キャベツ、鶏
肉を盛り、鶏肉に**A**をかける。

PART 2

炊いている間に副菜や汁物を作る

具だくさんごはんは 炊飯器の得意ワザ

2品献立

① 具だくさんごはんの材料を入れる

内がまに、米、水、調味料を入れてまぜ、具をのせる。

② ふたをしてスイッチオン

副菜や汁物はこの間に作ればOK！

▼

炊飯中

＼ 簡単に作れるから ／
＼ ほかの家事もできちゃう ／

具だくさんごはんは、肉や魚介などに
野菜をたっぷり合わせて炊くから
それだけで食べごたえは十分。
炊飯中に副菜や汁物を作れるから
あくせくすることなく
栄養満点の献立が完成しちゃいます。

③ 炊き上がり！

（2品が同時に完成！）

副菜や汁物を盛りつけておけば、
あとはごはんで「いただきます！」

1品目

炊飯器で

小なべや
ボウルで

2品目

＼ごはんが具だくさんだから／
／副菜1品でも大満足！＼

カオマンガイ献立

米に鶏肉をのせて炊くから、ごはんは肉のうまみたっぷり。
パクチーを添え、しょうが風味のたれをかければ、一気にエスニック気分を楽しめます。

＼ 野菜を炒めて
甘みを引き出して ／

パプリカとねぎのスープ

＼ 日本でも人気の高い
タイのチキンライス ／

カオマンガイ

ボリューム

体あたため

野菜

アジアめし

彩り

Happy Point

鶏肉がたっぷりで食べごたえ十分。2色のパプリカで食卓を華やかに。

お役立ちMemo

カオマンガイに添える野菜は、トマトやレタスもおすすめ。パクチーがなければ三つ葉でもOK。スープのパプリカは赤か黄色のどちらかを1個にして作っても。

材料（2～3人分）

カオマンガイ

鶏もも肉…1枚（300g）

A
- 酒…大さじ1
- 塩…小さじ½
- こしょう…少々

しょうがの薄切り…2切れ

米…1.5合（270㎖）

B
- しょうがのすりおろし…1かけ分
- しょうゆ…大さじ1½
- ごま油…小さじ2
- 砂糖…小さじ1

きゅうり…½本

赤パプリカ…⅛個

パクチー、しらがねぎ…各適量

パプリカと
ねぎのスープ

赤パプリカ…½個（75g）

黄パプリカ…½個（75g）

ねぎ…½本（50g）

サラダ油…大さじ½

C
- 水…500㎖
- 鶏ガラスープのもと…小さじ1
- しょうゆ…大さじ½
- 塩…小さじ½
- こしょう…少々

作り方

① 下ごしらえをする

▶ 鶏肉は白い脂身をとり除き、**A**をからめる。米は洗って水けをきる。

② 炊飯器に入れて炊く

▶ 内がまに米、水250㎖を入れ、鶏肉、しょうがをのせてふつうに炊く。

ふつうモード ピッ

③ 炊く間にスープを作る

▶ パプリカは7～8㎜幅の細切りにし、ねぎは5㎜厚さの斜め切りにする。なべにサラダ油を中火で熱してパプリカとねぎを炒め、しんなりしたら**C**を加える。煮立ったら弱火にし、7～8分煮る。

④ たれとつけ合わせを用意する

▶ **B**をまぜ合わせてたれを作る。きゅうりは斜め薄切り、パプリカは薄切り、パクチーはざく切りにする。

⑤ カオマンガイを仕上げる

▶ **2**が炊けたら鶏肉としょうがをとり出し、ごはんをまぜる。鶏肉は食べやすく切る。器にごはん、鶏肉を盛ってきゅうり、パプリカ、パクチー、しらがねぎを添え、たれをかける。

生のカリフラワーの
コリッとした食感がいい

カリフラワーと
クレソンのサラダ

上級者っぽい味の
秘密はトマトジュース

ベーコンとしめじの
トマトリゾット

ベーコンとしめじの
トマトリゾット献立

早炊きモードを活用すれば、米に少し芯が残った理想のリゾットを失敗なく作ることができます。
サラダにカリフラワーを使って献立のオシャレ度をアップ！

オシャレ
子どもウケ
ごちそう
野菜
彩り

Happy Point

リーズナブルな食材をうまく組み合わせたリゾットは、おもてなしにも◎。

お役立ちMemo

リゾットは完成したらすぐに食べるのがおすすめ。時間をおくとやわらかくなるため、食べ始める時間を考慮して作り始めて。

材料（2～3人分）

ベーコンとしめじのトマトリゾット

刻みベーコン…100g
しめじ…1袋（100g）
にんにくのみじん切り…1かけ分
米…1合（180㎖）

A
オリーブ油…大さじ1
洋風スープのもと（顆粒）…小さじ1
塩…小さじ¼
こしょう…少々

トマトジュース（食塩無添加）…200㎖
パセリのみじん切り、粉チーズ…各適量

カリフラワーとクレソンのサラダ

カリフラワー…½個（120g）
クレソン…1束（50g）

B
オリーブ油…大さじ1
粒マスタード…小さじ1
レモン汁…小さじ1
塩…小さじ¼
粗びき黒こしょう…少々

作り方

① ▶ **下ごしらえをする**
しめじは石づきを落として小房に分ける。米は洗って水けをきる。

② ▶ **炊飯器に入れて炊く**
内がまに米、水200㎖、**A**を入れてさっとまぜ、ベーコン、しめじ、にんにくをのせて早炊きモードで炊く。

早炊きモード ピッ

③ ▶ **トマトジュースを加えて保温する**
炊けたらトマトジュースを加えて全体をさっとまぜ、ふたをして10分保温する。

保温モード ピッ

④ ▶ **保温中にサラダを作る**
カリフラワーは小房に分けて5㎜厚さに切る。クレソンは5㎝長さに切る。ボウルに**B**をまぜ合わせ、カリフラワーとクレソンを加えてさっとあえる。

⑤ ▶ **リゾットを仕上げる**
3の保温が終わったら、器に盛ってパセリと粉チーズを振る。

鮭とコーンの ピラフ 献立

子どもは骨のある魚は苦手なことが多いですが、
鮭は炊くと骨や皮が簡単にはずれるので、食べやすくなります。
甘ずっぱいサラダを合わせて、子どもも喜ぶ献立に。

\ 鮭のうまみが /
行き渡って美味

鮭とコーンのピラフ

\ はちみつの /
ほのかな甘さがあとを引く

**ベビーリーフの
トマトドレッシングサラダ**

手軽

野菜

彩り

ラク

子ども
ウケ

Happy point

コーン、ベビーリーフはそのまま使えるから手間なし。華やかさもキープ。

材料(2～3人分)

鮭とコーンのピラフ

生鮭…2切れ(200g)
酒…小さじ1
塩…小さじ¼
こしょう…少々
さやいんげん…12本(100g)
ホールコーン缶…1缶(65g)
米…1.5合(270㎖)

A
┌ オリーブ油…小さじ2
│ 洋風スープのもと(顆粒)…小さじ1
│ 塩…小さじ½
└ こしょう…少々

ベビーリーフの トマトドレッシングサラダ

ベビーリーフ…1袋(50g)
ミニトマト…8個(80g)

B
┌ オリーブ油…大さじ1
│ 酢…小さじ2
│ はちみつ…小さじ½
│ 塩…小さじ¼
└ こしょう…少々

作り方

① ▶ **下ごしらえをする**

鮭は酒を振って5分ほどおき、水けをふいて塩、こしょうを振る。いんげんは3㎝長さに切る。コーン缶は缶汁をきる。米は洗って水けをきる。

② ▶ **炊飯器に入れて炊く**

内がまに米、水300㎖、Aを入れてさっとまぜ、鮭、いんげん、コーンを順にのせてふつうに炊く。

ふつうモード ピッ

③ ▶ **炊く間にサラダを作る**

ベビーリーフは水に5分ほど放し、水けをしっかりきって器に盛る。ミニトマトは3～4等分の輪切りにする。ボウルにミニトマトとBを入れてさっとまぜ、ベビーリーフにかける。

④ ▶ **ピラフを仕上げる**

2が炊けたら、鮭の皮と骨をとり除く。しゃもじで鮭をくずしながらさっくりとまぜる。

アボカドで
ボリュームアップ

キャベツとアボカドの
塩こぶあえ

秋の味覚のコラボで
うまみ充実

さば缶と根菜の
炊き込みごはん

さば缶と根菜の 炊き込みごはん 献立

さばは缶詰を使うから下ごしらえがなく、簡単。根菜と合わせて濃厚な味わいの炊き込みごはんに。
副菜はアボカドと塩こぶの意外な組み合わせにハマるはず！

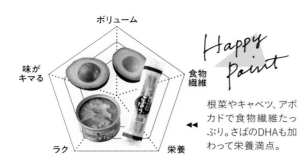

ボリューム

味がキマる

食物繊維

ラク

栄養

Happy Point

根菜やキャベツ、アボカドで食物繊維たっぷり。さばのDHAも加わって栄養満点。

材料（2〜3人分）

さば缶と根菜の炊き込みごはん

さば水煮缶…1缶（200g）
ごぼう…½袋（75g）
れんこん…100g
米…1.5合（270㎖）

A
┌ しょうゆ…大さじ1
│ 酒…大さじ½
└ 塩…少々

三つ葉…適量

キャベツとアボカドの塩こぶあえ

キャベツ…200g
アボカド…1個（140g）

B
┌ 塩こぶ…10g
│ ごま油…大さじ1
└ 塩…少々

作り方

下ごしらえをする

① ▶ ごぼうは2〜3㎜厚さの斜め切り、れんこんは2〜3㎜厚さのいちょう切りにし、それぞれ水に5分ほどさらす。米は洗って水けをきる。

炊飯器に入れて炊く

② ▶ 内がまに米、水250㎖、Aを入れてさっとまぜ、さば缶を缶汁ごと加える。ごぼうとれんこんを水けをきってのせ、ふつうに炊く。

ふつうモード ピッ

炊く間にあえ物を作る

③ ▶ キャベツは4〜5cm四方に切って耐熱ボウルに入れ、ふんわりとラップをかけて電子レンジで2〜3分加熱する。アボカドは一口大に切る。キャベツの水けを絞ってボウルに入れ、アボカド、Bを加えてさっとあえる。

炊き込みごはんを仕上げる

④ ▶ 三つ葉はざく切りにする。2が炊けたらさっくりとまぜ、器に盛って三つ葉をのせる。

\ とろりとしたリッチな /
食感がたまらない

鶏肉のチーズリゾット

ズッキーニと
しらすのマリネ

/ ズッキーニにしらすの
うまみがよくからむ \

鶏肉の
チーズリゾット献立

リゾットはカマンベールをのせて炊くからしっかりとコクがあり、お店みたいな味わいに。
みずみずしいズッキーニのマリネがよく合います。

ごちそう

野菜

子ども
ウケ

ラク

彩り

Happy point

鶏肉は親子丼用を使って時短に。カマンベールでごちそう感アップ！

お役立ちMemo

リゾットは炊けたらすぐに食べて。時間をおくと米が水分を吸って、べちゃっとした食感に。食べるタイミングを見はからって作って。

材料（2〜3人分）

鶏肉のチーズリゾット

鶏むね肉（親子丼用）…150g
塩…小さじ¼
こしょう…少々
グリーンアスパラガス…3本（60g）
にんじん…40g
カマンベール…½個（50g）
米…1合（180㎖）
A ┌ 塩…小さじ⅓
  └ こしょう…少々
牛乳…200㎖
あらびき黒こしょう…少々

ズッキーニと
しらすのマリネ

しらす干し…20g
ズッキーニ…大1本（200g）
塩…小さじ¼
B ┌ オリーブ油…大さじ1
  │ 酢…小さじ2
  │ 塩…小さじ¼
  └ こしょう…少々

作り方

下ごしらえをする

① ▶ 鶏肉は塩、こしょうを振る。アスパラガスは根元を落としてピーラーで下⅓のかたい皮をむき、2cm長さに切る。にんじんは1cm角に切る。米は洗って水けをきる。

炊飯器に入れて炊く

② ▶ 内がまに米、水200㎖、Aを入れてさっとまぜ、鶏肉、アスパラガス、にんじん、カマンベールを順にのせて早炊きモードで炊く。

早炊き
モード　ピッ

炊く間にマリネを作る

③ ▶ ズッキーニは2〜3㎜厚さの輪切りにしてボウルに入れ、塩をまぶして10分ほどおく。水けを絞ってボウルに戻し、しらす干し、Bを加えてあえる。

牛乳を加えて保温する

④ ▶ 2が炊けたら牛乳を加えてさっくりとまぜ、ふたをして10分保温する。保温が終わったら、器に盛ってあらびき黒こしょうを振る。

保温
モード　ピッ

中華風おこわ 献立

もち米を使って炊くから、もっちりとした食感で
食べごたえ十分。しっかりとした味つけで食欲が刺激されます。
スープはさっぱりと仕上げて、献立にメリハリをつけました。

＼ふんわり卵の
ホッとする味わい／

白菜のかきたまスープ

＼オイスターソースで
うまみたっぷり／

中華風おこわ

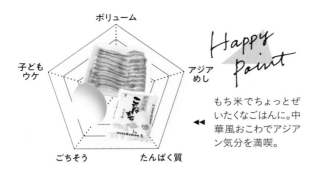

ボリューム

子ども
ウケ

アジア
めし

ごちそう

たんぱく質

Happy Point

もち米でちょっとぜいたくなごはんに。中華風おこわでアジアン気分を満喫。

お役立ちMemo

おこわが炊き上がる5分くらい前からスープを作り始めれば、ほぼ同時に完成！ 絹さやは、おこわが炊けたら加えて5分保温すれば、色よく仕上がる。

材料（2~3人分）

中華風おこわ

豚バラ薄切り肉…150g
にんじん…30g
しいたけ…3個（60g）
絹さや…6枚（15g）
しょうが…1かけ
もち米…1.5合（270㎖）

A ┌ 酒…大さじ1
　├ オイスターソース…大さじ1
　├ しょうゆ…小さじ1
　└ 鶏ガラスープのもと…小さじ1

白菜のかきたまスープ

卵…1個
白菜…150g

B ┌ 水…2½カップ
　├ しょうゆ…大さじ½
　├ 鶏ガラスープのもと…小さじ1
　└ 塩…小さじ⅓
ごま油…小さじ1

作り方

① ▶ **下ごしらえをする**

にんじんは1cm幅の短冊切りにし、しいたけは5mm厚さに切る。しょうがはせん切りにする。豚肉は1.5cm幅に切る。もち米は洗って水けをきる。

② ▶ **炊飯器に入れて炊く**

内がまにもち米、水200㎖、Aを入れてさっとまぜ、豚肉、にんじん、しいたけ、しょうがを順にのせてふつうに炊く。

ふつう
モード ピッ

③ ▶ **炊く間にスープを作る**

白菜は小さめのそぎ切りにする。卵は溶きほぐす。なべにBを煮立てて白菜を入れ、ふたをして弱火で7~8分煮る。白菜がしんなりしたら溶き卵を加えてふんわり固まるまで煮て、ごま油を加える。

④ ▶ **絹さやを加えて保温する**

絹さやは5mm幅の斜め切りにする。2が炊けたら絹さやを加え、ふたをして5分保温する。保温が終わったらさっくりと混ぜる。

保温
モード ピッ

にんじんの
歯ざわりが心地よい

**ピーラーにんじんと
ハムのサラダ**

バターのまろやかさで
コクうまに

えびと野菜のピラフ

えびと野菜の
ピラフ 献立

ぷりぷりのえびのピラフは家族に大人気のごはん。
かみごたえのあるエリンギを加えて、さらに食感よくしました。
にんじんのサラダを添えて、彩りのよい組み合わせに。

ごちそう

野菜

子ども
ウケ

ラク

彩り

Happy Point

えびの下ごしらえは
洗うだけ。ブロッコリ
ーとにんじんでビタ
ミンの補給にも。

材料(2~3人分)

えびと野菜のピラフ

むきえび…200g
かたくり粉…適量
エリンギ…1パック(100g)
ブロッコリー…100g
バター…10g
米…1.5合(270㎖)
A ┌ 塩…小さじ⅔
　└ こしょう…少々

ピーラーにんじんと
ハムのサラダ

ハム…3枚(40g)
にんじん…1本(180g)
B ┌ オリーブ油…大さじ1
　│ 酢…小さじ2
　│ 塩…小さじ¼
　└ こしょう…少々

作り方

① ▶ **下ごしらえをする**

えびはかたくり粉をまぶして流
水でもみ洗いをし、水けをふき
とる。エリンギは長さを半分に
切って四つ割りにする。米は洗
って水けをきる。

② ▶ **炊飯器に入れて炊く**

内がまに米、水300㎖、**A**を
入れてさっとまぜ、えび、エリ
ンギ、バターを順にのせてふつ
うに炊く。

ふつう
モード　ピッ

③ ▶ **ブロッコリーを加えて保温する**

ブロッコリーは粗めにこまかく
切る。**2**が炊けたらブロッコリ
ーを加え、ふたをして10分保
温する。保温が終わったらさっ
くりとまぜる。

保温
モード　ピッ

④ ▶ **保温中にサラダを作る**

ハムは半分に切って5㎜幅に切
り、にんじんはピーラーで薄切
りにする。ボウルに入れ、**B**を
加えてさっとあえる。

しゃぶしゃぶ肉だから
ふんわりやわらかい

豚肉とレタスのさっと煮

さつまいもの甘みが
際立つほんのり塩味

**ひき肉とさつまいもの
炊き込みごはん**

ひき肉とさつまいもの
炊き込みごはん 献立

さつまいもの甘さでホッとする味わいのごはんに。豆苗を仕上げに加えて、食感に変化をつけます。
副菜は火の通りの早いしゃぶしゃぶ用肉を使ってスピーディに。

ボリューム

子ども
ウケ

味が
キマる

野菜

和風

Happy Point

副菜に豚肉を使うか
ら食べごたえ十分。
めんつゆで味つけも
一発。

お役立ちMemo

内がまに材料を入れるときに米
とひき肉がまざってしまうと、ご
はんに炊きムラが出やすくなる。
まぜないように気をつけて、ひき
肉をほぐす。

材料（2〜3人分）

ひき肉とさつまいもの炊き込みごはん

鶏ひき肉…150g

さつまいも…150g

豆苗…½袋（50g）

米…1.5合（270㎖）

A[しょうゆ…小さじ1
　 塩…小さじ⅔]

豚肉とレタスのさっと煮

豚ロース肉（しゃぶしゃぶ用）…150g

レタス…⅓個（150g）

B[水…200㎖
　 めんつゆ（3倍濃縮タイプ）
　　　…50㎖]

作り方

① 下ごしらえをする

▶ さつまいもは1㎝厚さの半月切
りにし、水に5分ほどさらして
水けをきる。米は洗って水けを
きる。

② 炊飯器に入れて炊く

▶ 内がまに米、水300㎖、Aを
入れてさっとまぜ、ひき肉をの
せてさっとほぐす。さつまいも
を広げてのせ、ふつうに炊く。

ふつう
モード ピッ

③ 豆苗を加えて保温する

▶ 豆苗は長さを3等分に切る。**2**
が炊けたら豆苗をのせ、ふたを
して5分保温する。保温が終
わったら全体をさっくりとまぜ
る。

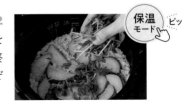

保温
モード ピッ

④ 保温中にさっと煮を作る

▶ レタスは大きめにちぎる。なべ
に**B**を煮立てて豚肉を入れる。
火が通ったらアクをとり、レタ
スを加えてさっと煮る。

ベーコンと野菜の
カレーピラフ 献立

ベーコンと身近な野菜にスパイシーさが加わるだけで
テンションが上がるごはんに。副菜には
歯ごたえがよくてさっぱり味のマリネが好相性。

野菜のジューシーさも
うれしい

ベーコンと野菜のカレーピラフ

にんにく風味で
おつまみにもなる

たこときゅうりのマリネ

スパイシー

おもてなし

ラク

野菜

彩り

Happy point

カレー粉とパプリカで華やかな一皿に。たこはぶつ切りを選んで、切る手間を省いて。

お役立ちMemo

マリネは小鉢に盛り、大きめの皿に盛ったピラフに添えてワンプレートに。いつもの盛りつけと違う雰囲気を楽しんで。

材料(2〜3人分)

ベーコンと野菜の カレーピラフ

ブロックベーコン…150g
黄パプリカ…½個(75g)
ズッキーニ…½本(75g)
ミニトマト…6個(60g)
米…1.5合(270㎖)

A ┌ カレー粉…大さじ½
  │ 洋風スープのもと(顆粒)
  │   …小さじ1
  │ 塩…小さじ½
  └ こしょう…少々

たこときゅうりのマリネ

ゆでだこ(ぶつ切り)…150g
きゅうり…2本(200g)

B ┌ オリーブ油…大さじ1
  │ 酢…小さじ2
  │ 塩…小さじ¼
  │ こしょう…少々
  └ にんにくのすりおろし…少々

作り方

① 下ごしらえをする

▶ パプリカは縦4等分に切って横1cm幅に切る。ズッキーニは1cm厚さの半月切りにし、ミニトマトは縦半分に切る。ベーコンは1.5cm角に切る。米は洗って水けをきる。

② 炊飯器に入れて炊く

▶ 内がまに米、水300㎖、Aを入れてさっとまぜ、ベーコン、ズッキーニ、パプリカ、ミニトマトを順にのせてふつうに炊く。炊けたらさっくりとまぜる。

ふつうモード ピッ

③ 炊く間にマリネを作る

▶ きゅうりは乱切りにしてボウルに入れ、たこ、Bを加えてさっとあえる。

白菜とわかめのナムル
薄切り白菜の
シャキシャキ食感がいい

コクのある甘辛味に
のりで風味をプラス

韓国風炊き込みごはん

韓国風炊き込みごはん献立

コチュジャンの濃厚な味わいのごはんに
まろやかでとろりとした卵黄をからめて。ごま風味のナムルで味のバランスも◎。

Happy point

韓国テイストを簡単に。辛みがほどよく、卵黄をからめるから子どもも食べやすい。

ボリューム / 野菜 / アジアめし / ごちそう / 子どもウケ

材料（2～3人分）

韓国風炊き込みごはん

牛切り落とし肉（または牛こまぎれ肉）
　　…150g

A
┌ コチュジャン…大さじ2
├ しょうゆ…大さじ2
├ 酒…大さじ1
├ 砂糖…小さじ2
├ ごま油…大さじ½
└ にんにくのすりおろし…小さじ1

豆もやし…½袋（100g）
にら…⅓束（30g）
米…1.5合（270㎖）
卵黄…2～3個分
焼きのり…適量

白菜とわかめのナムル

白菜…200g
わかめ（乾燥）…大さじ1

B
┌ ごま油…大さじ1½
├ いり白ごま…大さじ1
└ 塩…小さじ¼

作り方

① 下ごしらえをする
▶ 牛肉は大きければ一口大に切る。米は洗って水けをきる。

②
▶ ボウルにAをまぜ合わせ、牛肉を加えてもみ込む。

③ 炊飯器に入れて炊く
▶ 内がまに米、水250㎖を入れ、2を広げてのせ、豆もやしをのせてふつうに炊く。

ふつうモード ピッ

④ 炊く間にナムルを作る
▶ わかめは水にひたしてもどし、水けをきる。白菜は5㎝長さに切って縦薄切りにする。ボウルに入れ、Bを加えてさっとあえる。

⑤ にらを加えて保温する
▶ にらは3㎝幅に切る。3が炊けたらにらを加え、ふたをして5分保温する。全体をさっくりとまぜ合わせ、器に盛って卵黄をのせ、焼きのりを小さくちぎって散らす。

保温モード ピッ

49

さき身の中華がゆ 献立

なべで炊くときは火かげんが難しいおかゆも
炊飯器なら失敗知らず。具はカロリー控えめのさき身だから
軽く食べたいときにもおすすめです。

キャベツとかにかまの
甘酢漬け
甘酢味にとうがらしが
ほどよくきいて

＼米が舌でつぶれる
　くらいやわらかい／

さき身の中華がゆ

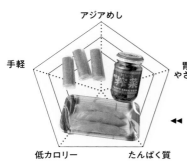

アジアめし
手軽
胃に
やさしい
低カロリー
たんぱく質

中華風のトッピング
で旅先の朝食気分
に。胃をいたわりたい
ときにもぴったり。

Happy Point

お役立ちMemo

おかゆは時間をおくと粘りが出
てくるため、炊き上がったらすぐ
に食べるのがベスト。食べる時
間に合わせて炊き始めて。

材料(2〜3人分)

ささ身の中華がゆ

鶏ささ身…3本(150g)
塩…小さじ¼
こしょう…少々
豆苗…⅓袋(30g)
ザーサイ(味つき)…20g
しらがねぎ…適量
米…1合(180㎖)
A[酒…大さじ1
　 塩…小さじ½]
ごま油…小さじ2

キャベツとかにかまの
甘酢漬け

かに風味かまぼこ…3本
キャベツ…200g
塩…小さじ¼
B[酢…大さじ1½
　 砂糖…小さじ2
　 ごま油…小さじ2
　 塩…少々
　 赤とうがらしの小口切り
　 …少々]

作り方

1 ▶ **下ごしらえをする**
ささ身は筋をとって1㎝厚さのそぎ切りにし、塩、こしょう
を振る。米は洗って水けをきる。

2 ▶ **炊飯器に入れて炊く**
内がまに米を入れ、水を「おか
ゆ」の1の目盛りまで注ぐ。Aを
加えてさっとまぜ、ささ身をの
せておかゆモードで炊く。

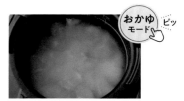

おかゆ
モード　ピッ

3 ▶ **炊く間に甘酢漬けを作る**
キャベツは5㎜幅の細切りにしてボウルに入れ、塩をまぶ
して10分おき、しんなりしたら水けを絞る。かにかまはほ
ぐしてボウルに加え、Bを加えてさっとあえる。

4 ▶ **中華がゆを仕上げる**
豆苗は2㎝長さに切り、ザーサ
イは細切りにし、しらがねぎと
ともに小皿に盛る。2が炊けた
ら、ごま油を加えてさっとまぜ
る。茶わんに盛り、豆苗、ザ
ーサイ、ねぎをのせて食べる。

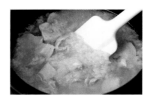

少量のフルーツで作るから手軽！

ほったらかしで手作りジャム

少量のフルーツなら
炊飯器でジャムを作ることができます。
焦げる心配がないから、初心者にも安心。
なべでコトコト煮るのと同じような
果物のフレッシュな香りや
舌ざわりのよさを味わってみてください。

＼ やさしい甘みに
ひかれる ／

りんごジャム

いちごジャム

＼ つぶつぶの食感が
心地よい ／

キウイフルーツジャム

＼ ほどよい酸味が
あとを引く ／

いちごジャム

材料（作りやすい分量）

いちご…約1パック（200g）
砂糖…60g
レモン汁…小さじ1

作り方

1 いちごはヘタをとって四つ割りにする。

2 内がまにいちご、砂糖を入れてさっとまぜ、ふつうに炊く。

3 炊けたら、へらでいちごをざっとつぶしながらまぜ、保存びんに入れる。レモン汁を加えてまぜ、あら熱がとれたらふたをして保存する。

耐熱のシリコン製のへらでいちごをつぶす。つぶしかげんは好みでOK。

りんごジャム

材料（作りやすい分量）

りんご…1個（正味200g）
砂糖…60g
レモン汁…小さじ1

作り方

1 りんごは八つ割りにし、5mm厚さの薄切りにする。むいた皮はとりおく。

2 内がまにりんご、むいた皮、砂糖を入れてさっとまぜ、ふつうに炊く。

3 炊けたら、へらでりんごを好みのかげんにつぶしながら全体をまぜ、皮を除く。保存びんに入れ、レモン汁を加えてまぜ、あら熱がとれたらふたをして保存する。

キウイフルーツジャム

材料（作りやすい分量）

キウイフルーツ…2個（正味150g）
砂糖…50g
レモン汁…小さじ1

作り方

1 キウイは1cm厚さのいちょう切りにする。

2 内がまにキウイと砂糖を入れてさっとまぜ、ふつうに炊く。

3 炊けたら、へらでキウイを好みのかげんにつぶしながらまぜ、保存びんに入れる。レモン汁を加えてまぜ、あら熱がとれたらふたをして保存する。

保存について

どのジャムも、清潔な保存びんに入れ、冷蔵で2週間ほど。

PART 3

40分以内で完成！

炊飯器で主菜を炊く
副菜を作る

早炊きモード 活用

① 炊飯器に
主菜の材料を
セットする

② 早炊きモードで
炊く

③ 炊く間に
副菜を作る

火かげんを気にせず
ほったらかしでOK
▼
炊飯中

／ だいたい ＼
30分

副菜1～2品を余裕で作れる。

間に

献立

早炊きモードでも
味がしっかりついたおいしい主菜を紹介！
加熱時間はだいたい30分くらいだから、
炊飯器に主菜の材料をセットして炊き始めたら
加熱途中で様子を見なくても大丈夫です。
その間にパパッとできる副菜レシピも作ってみて。

④ （主菜と副菜が短時間で完成！）

炊き上がり！

1品目

なべで

2品目

炊飯器で

3品目

レンチンで

ごはんはあらかじめ
冷凍したものを使って

ごはんを1食分ずつラップで包んで冷凍しておくと便利。冷凍ごはんを電子レンジで解凍して献立に添えて。

\食べごたえ満点で/
\みんなが好きな味！/

味しみチャプチェ

チャプチェ献立

炒め物のチャプチェも炊飯器で作れます。
調味液につけた春雨は、炊きながらしっかり味を入れます。
彩りのよいサラダ、おかかの香りよいおひたしを添えて。

輪切り玉ねぎのおひたし

\めんつゆで/
\簡単に和風味/

ブロッコリーと卵のサラダ

\ごま油であえて/
\風味よく/

アジアめし / 子どもウケ / しっかり味 / 食感がいい / 彩り

Happy Point

春雨でボリュームをアップし、牛肉でごちそう感あり。食欲をそそる華やかさ。

お役立ちMemo

小分けタイプの春雨はそのまま使って。長いタイプはキッチンばさみで長さを半分に切ってから使う。

材料(2〜3人分)

味しみチャプチェ

牛切り落とし肉…200g
しいたけ…3個(60g)
赤パプリカ…⅓個(50g)
にら…⅓束(30g)
春雨(小分けタイプ)…40g

A ┌ しょうゆ…大さじ2½
  │ 酒…大さじ2
  │ 砂糖…大さじ1½
  │ にんにくのすりおろし
  └   …小さじ1

ブロッコリーと卵のサラダ

卵…1個
ブロッコリー…½個(120g)

B ┌ ごま油…大さじ1
  │ 酢…大さじ½
  └ 塩…小さじ¼

輪切り玉ねぎのおひたし

玉ねぎ…1個(200g)

C ┌ めんつゆ(3倍濃縮)…大さじ1
  └ 水…大さじ1½

削りがつお…適量

◎ごはんは別に準備を(p.55参照)。

作り方

下ごしらえをする

① ▶ 牛肉は大きければ一口大に切ってボウルに入れ、Aを加えてもみ込む。しいたけは5mm厚さ、パプリカは縦1cm幅に切る。

炊飯器に入れて炊く

② ▶ 内がまに春雨、しいたけ、パプリカを順に入れ、牛肉を広げ入れる。内がまの縁から水200mlを回し入れ、早炊きモードで炊く。

早炊きモード ピッ

炊く間に サラダとおひたしを作る

③ ▶ ブロッコリーは小房に分ける。小なべに湯を沸かしてブロッコリーを1分30秒ゆで、ざるにとり出す。同じ湯に卵を入れ、弱火にして10分ゆでる。冷水でさまして殻をむき、ボウルに入れてフォークで粗くつぶす。ブロッコリー、Bを加え、あえる。

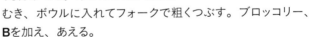

④ ▶ 玉ねぎは8mm厚さの輪切りにして耐熱皿に並べ、ふんわりとラップをかけて電子レンジで5分加熱する。水けをきって器に盛り、Cをまぜてかけ、削りがつおをのせる。

にらを加えて保温する

⑤ ▶ にらは5cm幅に切る。2が炊けたらにらをのせ、ふたをして10分保温する。

保温モード ピッ

隠し味のはちみつで
コクのある味わいに
ポークチャップ

シンプルにマヨネーズで
あえるだけ
**じゃがいもと
きゅうりのサラダ**

ポークチャップ献立

しょうが焼き用肉を使うから、ソテー用肉よりも味がよくからみます。
子どもに大好評の甘めの味に、ほくほく食感のサラダを合わせて。

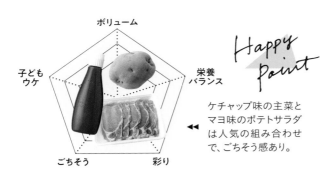

ボリューム

栄養バランス

子どもウケ

ごちそう

彩り

Happy Point

ケチャップ味の主菜とマヨ味のポテトサラダは人気の組み合わせで、ごちそう感あり。

材料(2~3人分)

ポークチャップ

豚ロース肉(しょうが焼き用)
　…8枚(250g)
塩…小さじ¼
こしょう…少々

A
┌ トマトケチャップ…大さじ2
│ 中濃ソース…大さじ1½
│ 小麦粉…小さじ1
│ はちみつ…小さじ1
└ 水…50㎖

ベビーリーフ…適量

じゃがいもと
きゅうりのサラダ

じゃがいも…1個(150g)
きゅうり…1本(100g)
塩…小さじ¼

B
┌ マヨネーズ…大さじ2
└ 塩、こしょう…各少々

◎ごはんは別に準備を(p.55参照)。

作り方

① ► **下ごしらえをする**
豚肉は半分に切って塩、こしょうを振る。

② ► **炊飯器に入れて炊く**
内がまにAを入れてまぜ、豚肉を加えてからめる。早炊きモードで炊く。

早炊きモード ピッ

③ ► **炊く間にサラダを作る**
じゃがいもは一口大に切り、水に5分ほどさらす。きゅうりは小口切りにして塩をまぶし、10分ほどおく。じゃがいもの水けをきって耐熱ボウルに入れ、ふんわりとラップをかけて電子レンジで4分加熱する。水けをふいて熱いうちにフォークでつぶす。きゅうりの水けをしぼり、ボウルに加える。Bを加えてまぜ合わせる。

④ ► **仕上げる**
2が炊けたら器に盛り、ベビーリーフを添える。

じょうがのすっきりした
風味で食が進む

牛肉と大根の中華煮

牛肉と大根の
中華煮 献立

コクのあるオイスターソース味が
大根にしっかりしみています。
副菜2品で野菜もたっぷり食べられます。

かにかまでうまみと
彩りを加えて

**豆苗とかにかまの
さっぱりあえ**

**まいたけの
ザーサイ蒸し**

ザーサイで
ほどよいピリ辛味

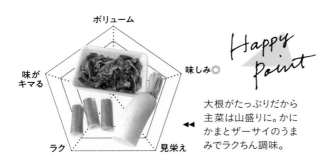

ボリューム
味しみ◎
味がキマる
ラク
見栄え

Happy point ◀◀

大根がたっぷりだから主菜は山盛りに。かにかまとザーサイのうまみでラクちん調味。

材料(2〜3人分)

牛肉と大根の中華煮

牛切り落とし肉…200g
大根…300g
しょうがのせん切り…1かけ分

A
- 水…200ml
- 酒…50ml
- オイスターソース…大さじ2
- しょうゆ…大さじ1
- 砂糖…大さじ1

B
- 水…大さじ1⅓
- かたくり粉…小さじ2

大根の葉…適量
塩…少々

豆苗とかにかまの さっぱりあえ

かに風味かまぼこ…2本
豆苗…1袋(100g)

C
- ごま油…小さじ2
- しょうゆ…小さじ1
- 酢…小さじ1

まいたけの ザーサイ蒸し

まいたけ…1パック(100g)
ザーサイ(味つき)…10g
塩…少々

◎ごはんは別に準備を(p.55参照)。

作り方

下ごしらえをする
1 ▶ 大根は2cm厚さのいちょう切りにし、牛肉は大きければ食べやすく切る。

炊飯器に入れて炊く
2 ▶ 内がまにAをまぜ合わせて大根を入れ、牛肉を全体に広げ入れてほぐす。しょうがを散らし、早炊きモードで炊く。

早炊きモード ピッ

炊く間にあえ物と蒸し物を作る
3 ▶ 豆苗は長さを半分に切る。耐熱皿に豆苗を広げ入れてまいたけをのせ、ふんわりとラップをかけて電子レンジで2分加熱する。かにかまは食べやすくほぐし、ザーサイはあらいみじん切りにする。

4 ▶ まいたけは食べやすくほぐしてボウルに入れ、ザーサイ、塩を加えてあえる。豆苗は水けをしぼって別のボウルに入れ、かにかま、Cを加えてさっとあえる。

とろみをつける
5 ▶ Bはまぜ合わせる。2が炊けたらBを回し入れてさっとまぜ、ふたをして10分保温する。

保温モード ピッ

仕上げる
6 ▶ 大根の葉は小口切りにして塩を振り、10分おく。器に牛肉と大根の中華煮を盛り、大根の葉を散らす。

キムチを上にのせれば
味が行き渡って
いため物風に

豚キムチ

豚キムチ献立

豚キムチはほどよい辛みで、
2種のきのこを使ったナムルはうまみがたっぷり。
どちらも白いごはんが進みます。

裂いて味を
しみやすくして

きのこのナムル

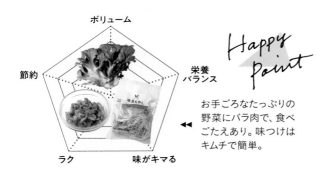

ボリューム

栄養バランス

節約

ラク　　味がキマる

Happy point

お手ごろなたっぷりの野菜にバラ肉で、食べごたえあり。味つけはキムチで簡単。

材料(2〜3人分)

豚キムチ

豚バラ薄切り肉…200g
塩…小さじ¼
こしょう…少々
もやし…1袋(200g)
にら…⅓束(30g)
白菜キムチ…100g
しょうゆ…大さじ1

きのこのナムル

しいたけ…3個(60g)
まいたけ…1パック(100g)
A ［ ごま油…大さじ½
　　塩…小さじ⅓ ］

◎ごはんは別に準備を(p.55参照)。

作り方

① ▶ **下ごしらえをする**
にらは5cm幅に切る。豚肉は一口大に切って塩、こしょうを振る。

② ▶ **炊飯器に入れて炊く**
内がまにもやし、にら、豚肉、キムチを順に広げ入れてしょうゆを回しかけ、早炊きモードで炊く。

早炊きモード ピッ

③ ▶ **炊く間にナムルを作る**
耐熱皿にしいたけ、まいたけをのせ、ふんわりとラップをかけて電子レンジで3分加熱する。あら熱がとれたら、しいたけは4等分に裂き、まいたけは食べやすくほぐす。水けをふきとり、Aを加えてさっとあえる。

④ ▶ **仕上げる**
2が炊けたら、さっとまぜる。

しらす干しで
うまみをプラス

なすのねぎ塩あえ

みそとはちみつで
コクのある味に

ごまみそ蒸しじゃが

白いごはんが進む
甘辛味

肉どうふ

肉どうふ 献立

牛肉にもとうふにも味がしっかりしみています。
ほくほくのじゃがいもに、くたっとやわらかいなす。
食感も味わいも多彩に楽しめます。

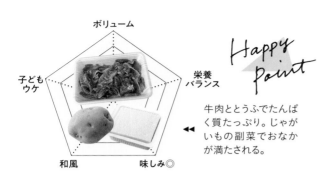

ボリューム

子ども
ウケ

栄養
バランス

和風　味しみ◎

Happy Point

牛肉ととうふでたんぱく質たっぷり。じゃがいもの副菜でおなかが満たされる。◀◀

材料（2〜3人分）

肉どうふ

牛切り落とし肉…200g

木綿どうふ…1丁（300g）

ねぎ…1本（100g）

しらたき…½袋（100g）

A
┌ 水…200mℓ
│ しょうゆ…大さじ4
│ 砂糖…大さじ3
└ 酒…大さじ2

ごまみそ蒸しじゃが

じゃがいも…小2個（200g）

B
┌ みそ…小さじ2
│ はちみつ…小さじ1
└ すり白ごま…小さじ1

なすのねぎ塩あえ

なす…2個（160g）

しらす干し…大さじ2

細ねぎの小口切り…3本分（10g）

C
┌ ごま油…大さじ1
│ 酢…大さじ½
└ 塩…小さじ⅓

◎ごはんは別に準備を（p.55参照）。

作り方

① 下ごしらえをする

▶ ねぎは1cm厚さの斜め切りにし、とうふは6等分に切る。しらたきは水けをきって食べやすく切り、牛肉は大きければ食べやすく切る。

② 炊飯器に入れて炊く

▶ 内がまにAをまぜ合わせて牛肉、とうふを入れ、牛肉をほぐす。しらたき、ねぎを順に広げてのせ、早炊きモードで炊く。

早炊きモード ピッ

③ 炊く間に蒸し物とあえ物を作る

▶ じゃがいもは小さめの一口大に切り、水に5分ほどさらして水けをきる。なすは皮をピーラーで縞目にむき、水に5分ほどさらし、水けをきる。耐熱皿に重ならないように並べ、ふんわりとラップをかけて電子レンジで7分加熱する。

④

▶ じゃがいもは水けをふいてボウルに入れ、Bをまぜ合わせて加え、あえる。なすは乱切りにして別のボウルに入れ、しらす干し、細ねぎ、Cを加えてあえる。

麻婆どうふ献立

マーボー

麻婆どうふのとろみづけは保温モードを活用すれば簡単です。
さつまいもの甘みが献立のアクセントに。

ツナのうまみが
さつまいもによくからむ

さつまいものツナポン酢あえ

麻婆どうふ

オイスターソース味に
ほどよく辛みをきかせて

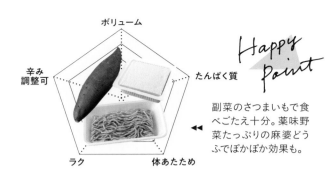

Happy point

副菜のさつまいもで食べごたえ十分。薬味野菜たっぷりの麻婆どうふでぽかぽか効果も。

（レーダーチャート項目）
ボリューム / たんぱく質 / 体あたため / ラク / 辛み調整可

材料（2〜3人分）

麻婆どうふ

豚ひき肉…120g
木綿どうふ…1丁（300g）
にら…½束（50g）
ねぎのみじん切り…½本分（50g）
しょうがのみじん切り…1かけ分
にんにくのみじん切り…1かけ分

A
- 水…200ml
- オイスターソース…大さじ2
- みそ…大さじ1
- 酒…大さじ1
- 豆板醤…小さじ⅓

B
- 水…大さじ2
- かたくり粉…大さじ1

さつまいもの
ツナポン酢あえ

さつまいも…小1本（200g）
ツナ缶（水煮）…1缶（70g）
ポン酢しょうゆ…大さじ1

◎ごはんは別に準備を（p.55参照）。

作り方

①　下ごしらえをする
▶ とうふはキッチンペーパーで水けをふきとり、食べやすく切る。

②　炊飯器に入れて炊く
▶ 内がまにAをまぜ合わせ、とうふを入れる。ひき肉をほぐしながら全体に広げるように加え、ねぎ、にんにく、しょうがを広げてのせ、早炊きモードで炊く。

早炊きモード ピッ

③　炊く間にあえ物を作る
▶ さつまいもは皮つきのまま1cm厚さのいちょう切りにし、水に5分ほどさらし、水けをきる。耐熱ボウルに入れ、ふんわりとラップをかけて電子レンジで4分加熱する。さつまいもの水けをふきとり、ツナ缶を缶汁をきって加え、ポン酢しょうゆを加えてあえる。

④　とろみをつける
▶ にらは5cm幅に切る。Bはまぜ合わせる。②が炊けたらBを回し入れてさっとまぜる。にらをのせ、ふたをして10分保温する。

保温モード ピッ

鮭とねぎの バタポン蒸し 献立

じっくりと加熱するから、ねぎがとろりとやわらかく甘みたっぷり。
鮭のうまみにバターのまろやかさが加わって絶品。ごまあえは歯ざわりのよさを楽しめます。

箸休めになる
みずみずしい一皿

もやしとにんじんの ごまあえ

鮭とねぎの バタポン蒸し

まったりとした鮭に
さわやかな青じそで
メリハリを

低カロリー

子どもウケ　　　　　節約

彩り　　味つけ簡単

Happy Point

軽い組み合わせなので、食べすぎた翌日などにもおすすめ。ポン酢で味つけは一発。

材料（2~3人分）

鮭とねぎのバタポン蒸し

生鮭…3切れ（300g）
塩…小さじ⅓
こしょう…少々
ねぎ…1本（100g）
酒…小さじ1
バター…10g
ポン酢しょうゆ…適量
青じそのせん切り…3枚分

もやしとにんじんのごまあえ

もやし…1袋（200g）
にんじん…30g
A┌ すり白ごま…大さじ2
　│ しょうゆ…大さじ1½
　└ 砂糖…大さじ1

◎ごはんは別に準備を（p.55参照）。

作り方

① **下ごしらえをする**

▶ 鮭は1切れを3等分に切って塩、こしょうを振る。ねぎは5mm厚さの斜め薄切りにする。バターは小さく切る。

② **炊飯器に入れて炊く**

▶ 内がまにねぎ、鮭を順に広げて入れる。酒を振って水50mℓを回しかけ、バターを散らして早炊きモードで炊く。

早炊きモード　ピッ

③ **炊く間にあえ物を作る**

▶ にんじんは細切りにする。耐熱ボウルに入れてもやしを加え、ふんわりとラップをかけて電子レンジで3分加熱する。あら熱がとれたら水けをしぼり、**A**を加えてあえる。

④ **仕上げる**

▶ **2**が炊けたら器に盛り、ポン酢しょうゆをかけて青じそをのせる。

さばのみそ煮献立

さばとごぼうを一緒に炊くから、煮汁にはごぼうのうまみが移っています。
副菜は香り豊かで、味わい深い和風の献立です。

のりの香りが
食欲を刺激する

**キャベツの
のりおかかあえ**

ごぼうの酢みそあえ

仕上げに酢で
あえるだけでもう1品

追加のみそで
風味よく

さばのみそ煮

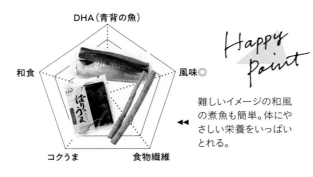

DHA（青背の魚）

和食

風味◎

コクうま　　食物繊維

Happy point

難しいイメージの和風の煮魚も簡単。体にやさしい栄養をいっぱいとれる。

材料（2～3人分）

さばのみそ煮

さば…半身2枚（300g）
しょうがの薄切り…3切れ

A
- 水…200㎖
- 酒…50㎖
- 砂糖…大さじ2½
- みそ…大さじ2
- しょうゆ…小さじ1

みそ…大さじ1
細ねぎの斜め薄切り…適量

ごぼうの酢みそあえ

ごぼう…150g
酢…大さじ½

キャベツののりおかかあえ

キャベツ…150g
焼きのり（全形）…¼枚

B
- 削りがつお…小½袋（2g）
- ごま油…大さじ½
- 塩…小さじ¼

◎ごはんは別に準備を（p.55参照）。

作り方

① 下ごしらえをする
▶ ごぼうは5㎝長さのぶつ切りにし、太ければ縦半分に切って水に5分ほどさらす。さばは1枚を3等分に切る。

② 炊飯器に入れて炊く
▶ 内がまにAをまぜ合わせ、さば、しょうが、ごぼうを順に入れ、早炊きモードで炊く。

早炊きモード ピッ

③ 炊く間にあえ物を作る
▶ キャベツはざく切りにして耐熱ボウルに入れ、ふんわりとラップをかけて電子レンジで3分加熱する。あら熱がとれたら水けをしぼり、のりを小さくちぎって加え、Bを加えてあえる。

④ 仕上げる
▶ 2が炊けたら、煮汁にみそをとき入れる。

⑤ ▶ 4からごぼうをとり出して別のボウルに入れ、酢を加えてさっとあえる。器にさばのみそ煮を盛り、細ねぎをのせる。

ぶりの
トマトソース献立

ぶりの切り身もトマトソースでおしゃれな一皿に。
ソースも一緒に加熱するから、ぶりはしっとり。
にんじんのサラダを添えて、彩りのよい献立です。

にんじんのホットサラダ
\ ベーコンのうまみを含んだ /
にんじんがおいしい

\ ミニトマトの酸味で /
さっぱりと食べられる
ぶりのトマトソース

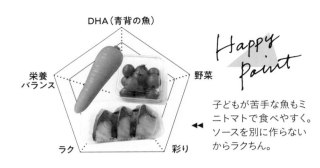

DHA（青背の魚）

栄養
バランス

野菜

ラク

彩り

Happy Point

子どもが苦手な魚もミ
ニトマトで食べやすく。
ソースを別に作らない
からラクちん。

材料（2〜3人分）

ぶりのトマトソース

ぶり…3切れ（270〜300g）

セロリ…½本（50g）

ミニトマト…8個（80g）

A┌ オリーブ油…大さじ1
　│ 塩…小さじ⅓
　└ こしょう…少々

ベビーリーフ…適量

にんじんの
ホットサラダ

にんじん…1本（180g）

ベーコン…2枚（35g）

B┌ 酢…小さじ2
　│ オリーブ油…大さじ½
　│ 塩…小さじ¼
　└ あらびき黒こしょう…少々

◎ごはんは別に準備を（p.55参照）。

作り方

下ごしらえをする

① ▶ セロリはあらいみじん切りにし、ミ
ニトマトは四つ割りにする。

炊飯器に入れて炊く

② ▶ 内がまにぶりを入れ、**A**を加えて
からめる。重ならないように並べ、
セロリ、ミニトマトを順に広げの
せ、早炊きモードで炊く。

早炊き
モード ピッ

炊く間にサラダを作る

③ ▶ にんじんは3〜4mm厚さの輪切りにし、ベーコンは1cm幅に
切る。耐熱皿に順に広げ入れ、**B**をまぜて回しかけ、ふん
わりとラップをかけて電子レンジで6分加熱する。全体をさ
っとまぜる。

仕上げる

④ ▶ **2**が炊けたら器に盛り、ベビーリーフを添える。

カリカリじゃこが
食感に変化を

ほうれんそうの
じゃこあえ

たらの塩こぶ蒸し

ごま油をからめて
風味よく

たらの
塩こぶ蒸し 献立

長いもを敷いて塩こぶ蒸しをのせるからボリューム満点。
うまみたっぷりの塩味にレモンを搾って味変も楽しんで。
副菜にはじゃこを使って、魚介を満喫して。

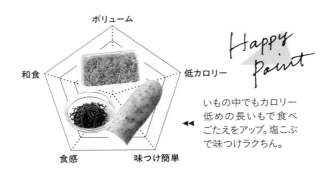

ボリューム

和食　　　　　　低カロリー

Happy point

いもの中でもカロリー低めの長いもで食べごたえをアップ。塩こぶで味つけラクちん。

食感　　味つけ簡単

材料（2～3人分）

たらの塩こぶ蒸し

生だら…3切れ（300g）
塩こぶ…5g
A［
　ごま油…大さじ½
　酒…小さじ1
　塩…小さじ¼
　こしょう…少々
］
長いも…200g
レモンのくし形切り…適量

ほうれんそうの
じゃこあえ

ほうれんそう…1束（200g）
ちりめんじゃこ…大さじ1
しょうゆ…小さじ2

◎ごはんは別に準備を（p.55参照）。

作り方

1 ▶ **下ごしらえをする**
たらは1切れを3等分に切り、骨を除く。長いもは1cm厚さの半月切りにする。

2 ▶ **炊飯器に入れて炊く**
内がまにたらを重ならないように入れ、塩こぶを散らしてのせ、**A**をまぜてかける。少し寄せて、あいたところに長いもを加え、早炊きモードで炊く。

早炊きモード ピッ

3 ▶ **炊く間にあえ物を作る**
ほうれんそうはさっとゆで、水に5分ほどさらし、水けをしっかりしぼって5cm長さに切る。ボウルに入れ、ちりめんじゃこ、しょうゆを加えてあえる。

4 ▶ **仕上げる**
2が炊けたら、器に長いもを広げて盛り、たらの塩こぶ蒸しをのせてレモンを添える。

すぐに使える材料で簡単度アップ!

下ごしらえの手間を減らせる食材を使って、おかず作りをさらにラクにしちゃいましょう。
スーパーで購入できる便利な材料をご紹介します。

1. 切ってあるものを使う

切る手間ばかりでなく、包丁やまないたを洗う手間も省けて、切れ端などのゴミの片づけもありません。切ってあるものを使うだけで、調理時間を3分は短縮できそう。

鶏ももから揚げ用肉

カットベーコン

たこのぶつ切り

鶏むね親子丼用肉

カットかぼちゃ

しらがねぎ

2. 下処理してあるものを使う

もやしのひげ根をとったり、ごぼうを洗ったりなどの面倒な作業から解放されます。また、そのまま使えるベビーリーフなどは、つけ合わせ用に常備しておくと便利です。

根切りもやし

ほぐしたしめじ

洗いごぼう

ベビーリーフ

3. 缶詰を使う

常備しておけば、たんぱく質が足りないときに重宝します。味つきのものはそのまま食べるのにおすすめですが、調理用にはオイル漬け缶や水煮缶がよいでしょう。

ツナ缶

さば缶

4. 味が簡単にキマる材料をフル活用

塩こぶやザーサイなどはうまみがあってそれ自体の味が濃いめなので、調味料がわりに使えます。めんつゆやポン酢しょうゆもそれ1本で簡単に調味できます。

塩こぶ

ザーサイ(味つき)

めんつゆ

ポン酢しょうゆ

4

炊飯器だから
おいしい

ごちそうメニュー

なべで何時間も煮る煮込み料理も、炊飯器ならスイッチ、ピ！であとはおまかせ。
火の通りにくいかたまり肉や根菜もしっとりやわらかく、味もしみしみに。
驚くほど簡単でおいしいから特別なときだけでなく、毎日のおかずとしても活用して。

甘辛味が
しっかりしみて
しっとりやわらか

煮豚

なべで煮る場合は、火の様子をちょこちょこ見なくてはいけませんが、
炊飯器なら材料を入れてふつうに炊くだけで手間なし。
炊けたら肉の上下を返して保温すれば、全体に味がしっかりしみます。

材料（2〜3人分）

豚肩ロースかたまり肉…500g

A
- しょうゆ…120㎖
- 酒…100㎖
- みりん…100㎖
- 水…50㎖
- 砂糖…50g

ねぎの青い部分…1本分
しょうがの薄切り…3切れ
小松菜…½束（100g）

作り方

① 下ごしらえをする

▶ 豚肉は全体にフォークを刺して穴をあけ、味をしみやすくする。

② 炊飯器に入れて炊く

▶ 内がまにAをまぜ合わせ、1、ねぎの青い部分、しょうがを加えてふつうに炊く。

ふつうモード　ピッ

③ 保温し、小松菜をゆでる

▶ 炊けたら豚肉の上下を返し、10分保温する。その間に、なべに湯を沸かして小松菜をさっとゆでる。しんなりしたらざるに上げてあら熱をとり、水けを絞って4㎝長さに切る。

保温モード　ピッ

④ 仕上げる

▶ 豚肉を食べやすい厚さに切り、器に盛って小松菜を添える。好みで内がまに残った煮汁をかける。

Arrange

どんぶりにしても

煮豚を切り分けてあたたかいごはんにのせ、ゆでた青菜や三つ葉などを添える。内がまに残った煮汁をたっぷりめにかけて。

一発完成
サムゲタン

大人気の韓国料理サムゲタンも、スイッチ1つで作れます。
鶏肉が箸ですっとほぐせるほどやわらかく、
うまみたっぷりの塩味がくせになります。

材料（2〜3人分）

鶏もも骨つき肉…2本（600g）
塩…小さじ½
こしょう…少々
にんにく…2かけ
しょうがの薄切り…3切れ
こぶ（5cm角）…2枚
なつめ（乾燥）…2個
米…大さじ3（40g）

A ┌ 水…800㎖
　│ 酒…100㎖
　└ 塩…小さじ⅔

三つ葉のざく切り…適量

作り方

下ごしらえをする

① ▶ 鶏肉は白い脂身を除いて塩、こしょうをすり込む。にんにくは縦半分に切ってから包丁の腹でつぶす。

炊飯器に入れて炊く

② ▶ 内がまにAをまぜ合わせ、1、しょうが、こぶ、なつめ、米を加えてふつうに炊く。

ふつうモード ピッ

仕上げる

③ ▶ 炊けたら器に盛り、三つ葉をのせる。

牛すじと
大根の煮込み

やわらかく煮るのにとても手間がかかる牛すじ肉ですが、
炊飯器なら失敗なし！ 2回炊くことで完全にやわらかくなり、
甘辛味もしっかりしみています。白いごはんもお酒も進みます。

二度炊きで
驚きの味しみ感

材料（2〜3人分）

牛すじ肉…300g
酒…大さじ1
大根…300g
こんにゃく…1枚（200g）
しょうが…1かけ

A ┌ 水…300㎖
　│ しょうゆ…100㎖
　│ みりん…100㎖
　│ 酒…50㎖
　└ 砂糖…大さじ3

お役立ちMemo

炊飯器は一度炊くと、すぐに続けて炊くことはできない。炊いたあとに保温になるが、保温も切って20〜30分おいて本体をある程度冷ます必要がある。そのあとに二度目のスイッチを押して。

作り方

下ごしらえをする

① ► なべに牛肉を入れ、たっぷりの水と酒を加えて中火にかける。沸騰したらアクを除いて弱火にし、5分下ゆでする。湯をきってボウルに入れ、アクを洗い流す。水けをきり、大きいものは一口大に切る。

② ► こんにゃくはスプーンで一口大にちぎり、5分下ゆでする。大根は大きめの乱切りにし、しょうがは薄切りにする。

炊飯器に入れて炊く

③ ► 内がまにAをまぜ合わせ、1、しょうが、こんにゃく、大根を順に入れてふつうに炊く。

ふつうモード ピッ

再度炊く

④ ► 炊けたら保温を切り、ふたをしたまま二度目のスイッチを押せるようになるまで20〜30分おく。再度ふつうに炊く。

ふつうモード ピッ

仕上げる

⑤ ► 炊けたら器に盛り、あれば細ねぎの小口切りをのせる。

保温モードで
鶏ハム

炊飯器の保温モードでゆっくり熱が加わるから、やわらかくしっとり食感に。
一度に2本作れるから、プレーンとパセリ入りを作ります。ハーブは好みのものを使っても。

温度調節
不要で
なべより
ラクに作れる

材料（2〜3人分）

鶏むね肉（皮なし）…2枚（500g）

A ┌ 酒…小さじ2
　├ 砂糖…小さじ2
　└ 塩…小さじ1

パセリのみじん切り…大さじ2

作り方

下ごしらえをする

1 ▶ 鶏肉は厚みのある部分に切り込みを入れて開き、ラップをかぶせてからめん棒などでたたいて1cm厚さほどにのばす。2枚ともバットに入れ、**A**を加えてからめる。

2 ▶ 鶏肉1枚を広げて手前からくるくると巻く。もう1枚の鶏肉を広げ、パセリを広げてのせ、同様に巻く。

3 ▶ ラップを30cm長さに切って広げ、**2**の1本をのせ、手前からくるりと巻いてキャンディを包むように両端をねじる。さらにラップをもう1枚30cm長さに切って広げて少し手前にのせ、ねじった両端を内側にたたみ、ラップを手前からかぶせる。左右から折って手前からくるりと巻く。もう1本も同様に巻く。

4 ▶ 炊飯器に入れて保温する

内がまに**3**を入れ、熱湯を4の目盛りまで注いでふたをし、50分保温する。

保温モード ピッ

5 ▶ 仕上げる

食べやすく切って器に盛る。

Arrange
サンドイッチにしても

バゲットや食パンにバターを塗ってレタスなどを敷き、鶏ハムを好みの厚さに切ってはさんで。

こってりとした
スペアリブを
ナンプラーですっきりと

豚スペアリブの
ナンプラー煮

じっくり加熱するから、肉はほぐれやすく、
食べながら骨がほろりととれるほど。れんこんはほくっとして
それぞれの食感のよさが際立ちます。

材料（2〜3人分）

豚スペアリブ…6本（400g）
塩…小さじ½
こしょう…少々
サラダ油…大さじ½
ゆで卵…3個
れんこん…200g
にんにく…2かけ
A ┌ 水…400㎖
  │ 酒…50㎖
  └ ナンプラー…大さじ2
パクチー…適量

作り方

下ごしらえをする

① ▶ れんこんは乱切りにし、水に5分さらして水けをきる。にんにくは縦半分に切ってから包丁の腹でつぶし、ゆで卵は殻をむく。豚肉は塩、こしょうを振る。

② ▶ フライパンにサラダ油とにんにくを入れて弱火にかける。香りが立ったら中火にし、豚肉を加えて全面に焼き色がつくまで上下を返しながら3〜4分焼く。

炊飯器に入れて炊く

③ ▶ 内がまにAをまぜ合わせ、2、れんこん、ゆで卵を順に入れてふつうに炊く。

ふつうモード ピッ

仕上げる

④ ▶ パクチーはざく切りにする。3が炊けたら、ゆで卵は半分に切って器に盛り合わせ、パクチーをのせる。

手羽元と
かぶの
クリーム煮

ふつうに炊いてから保温モードを上手に活用すれば
煮汁にとろみをつけるのも簡単です。
なべだとふきこぼれやすいクリーム煮も、炊飯器なら心配なし。

まったりと
なめらかな
舌ざわり

材料（2〜3人分）

鶏手羽元…6本（350g）
塩…小さじ¼
こしょう…少々
かぶ…2個（160g）
かぶの葉…2個分（80g）
にんじん…½本（90g）
玉ねぎ…¼個（50g）

A
- 水…200㎖
- 白ワイン（または酒）…大さじ2
- 塩…小さじ½
- こしょう…少々
- ローリエ…1枚

B
- 生クリーム…100㎖
- バター…10g

小麦粉…大さじ1

作り方

下ごしらえをする

① ▶ かぶは皮つきのまま四つ割りにし、葉は4㎝長さに切る。にんじんは乱切りにし、玉ねぎは縦5㎜厚さに切る。手羽元は骨に沿って切り込みを入れ、塩、こしょうを振る。

炊飯器に入れて炊く

② ▶ 内がまにAをまぜ合わせ、手羽元、にんじん、かぶ、玉ねぎを順に入れてふつうに炊く。

ふつうモード ピッ

材料を加えて保温する

③ ▶ 炊けたらBを加え、へらでさっとまぜる。小麦粉を茶こしでふるいながら加え、粉けがなくなるまでかぶをくずさないようにへらでよくまぜる。かぶの葉を加えてふたをし、10分保温してなじませる。

保温モード ピッ

大根も厚揚げも煮汁がじゅわり

おでん

炊く前に大根とこんにゃくは下ゆでしますが、
あとは炊飯器におまかせ。厚揚げやちくわ、
こぶのうまみがよくしみて、格別の味わいです。

材料（2〜3人分）

厚揚げ（木綿）…1枚（200g）
ちくわ…大1本（90g）
ゆで卵…3個
大根…300g
こんにゃく…1枚（200g）
こぶ（15cm長さ・だしをとったもの）…2枚

A ┌ だし…1ℓ
　│ しょうゆ…大さじ1½
　│ みりん…大さじ1½
　└ 塩…大さじ½

お役立ちMemo

だしをとったこぶがないときは、おでん用に売られている結びこぶを活用しても。

作り方

下ごしらえをする

① ▶ こんにゃくは4等分の三角形に切って両面に5mm幅の格子状の切り目を入れ、5分ほど下ゆでする。

② ▶ 大根は2cm厚さの輪切りにし、片面に十文字の切り目を入れて面取りする。耐熱皿にのせ、ふんわりとラップをかけて電子レンジ（600W）で4分加熱する。

③ ▶ 厚揚げは6等分に切り、ちくわは長さを3等分に切る。こぶは縦3等分に切って結ぶ。ゆで卵は殻をむく。

④ ▶ 炊飯器に入れて炊く

内がまにAをまぜ合わせ、大根、こんにゃく、厚揚げ、ゆで卵、ちくわ、こぶを順に入れてふつうに炊く。

ふつう モード ピッ

⑤ ▶ 保温する

炊けたらふたをしたまま10分保温する。

保温 モード ピッ

ポットロースト

カリフラワーの上に豚肉をのせてうまみを移します。おしゃれな一皿がスイッチ1つで手軽に作れます。

材料(2〜3人分)

豚肩ロースかたまり肉…400g
塩…小さじ⅔
あらびき黒こしょう…少々
カリフラワー…300g
にんにく…2かけ
ローズマリー(生)…2枝

オリーブ油…大さじ½
A ┌ 水…100mℓ
  │ 白ワイン(または酒)…100mℓ
  └ 塩…小さじ½
バター…10g
クレソン、粒マスタード…各適量

ローズマリーの
キリリとした
香りが漂う

下ごしらえをする

(1) ▶ カリフラワーは小房に分ける。にんにくは縦半分に切ってから包丁の腹でつぶす。豚肉は塩、あらびき黒こしょうをすり込む。

(2) ▶ フライパンにオリーブ油を中火で熱し、豚肉を全面に焼き色がつくまで返しながら焼く。

炊飯器に入れて炊く

(3) ▶ 内がまにAを入れてまぜ合わせ、カリフラワー、にんにく、2を順に入れる。ローズマリー、バターをのせてふつうに炊く。

ふつう
モード
ピッ

仕上げる

(4) ▶ 炊けたら豚肉を食べやすい厚さに切り、カリフラワーとともに器に盛り、クレソン、粒マスタードを添える。

たことじゃがいものトマト煮

火を通すとかたくなりやすいたこがやわらかい。おいしいスープはパンにつけて残さずどうぞ。

材料（2〜3人分）

ゆでだこ…300g
じゃがいも…3個（350g）
玉ねぎ…½個（100g）
黒オリーブ…10粒（30g）
にんにく…1かけ
タイム（生）…3枝

A ┌ ホールトマト缶…1缶（400g）
　│ 白ワイン（または酒）…大さじ2
　│ オリーブ油…大さじ1
　│ 塩…小さじ½
　└ こしょう…少々

下ごしらえをする

① ▶ じゃがいもは半分に切り、水に5分ほどさらして水けをきる。玉ねぎはあらいみじん切りにし、にんにくはみじん切りにする。たこは大きめの乱切りにする。ホールトマトはつぶす。

炊飯器に入れて炊く

② ▶ 内がまにAを入れてまぜ合わせ、じゃがいも、たこ、オリーブ、玉ねぎ、にんにく、タイムを順に入れてふつうに炊く。

ふつうモード
ピッ

ワインにもぴったりな
スペインの家庭料理

早炊き肉じゃが

なべで作ると煮くずれしやすいじゃがいもも形よく煮上がって、ほくほくの食感に。

材料 (2〜3人分)

豚切り落とし肉…150g
じゃがいも…3個 (350g)
玉ねぎ…½個 (100g)
にんじん…½本 (90g)

A
- 水…250㎖
- しょうゆ…大さじ4
- 砂糖…大さじ2½
- 酒…大さじ2

① ▶ 下ごしらえをする

じゃがいもは半分に切って水に5分ほどさらし、水けをきる。玉ねぎは2㎝厚さのくし形切りにし、にんじんは小さめの乱切りにする。豚肉は大きければ一口大に切る。

② ▶ 炊飯器に入れて炊く

内がまにAをまぜ合わせ、じゃがいもを入れる。豚肉を全体に広げるように加え、にんじん、玉ねぎをのせて早炊きモードで炊く。

早炊きモード ピッ

大きく切ったじゃがいもでもしっかり味しみ

早炊きアクアパッツァ

下ごしらえの少ない鮭とあさりで手軽に作れて、ごちそう感◎。急なおもてなしにも！

材料(2～3人分)

生鮭…3切れ(300g)
塩…小さじ¼
こしょう…少々
あさり(殻つき)…200g
ミニトマト…10個(100g)

A
- 水…200㎖
- 白ワイン(または酒)…50㎖
- オリーブ油…大さじ1
- 塩…小さじ¼
- こしょう…少々

① 下ごしらえをする

▶ 鮭は塩、こしょうを振る。あさりは殻をこすり合わせてよく洗う。

② 炊飯器に入れて炊く

内がまにAをまぜ合わせ、鮭を皮目を上にして入れ、あさりを散らして早炊きモードで炊く。

早炊きモード ピッ

③ ミニトマトを加えて保温する

炊けたらミニトマトをのせ、ふたをして10分保温する。

保温モード ピッ

鮭とあさりのうまみの相乗効果でおいしさバツグン

新谷友里江 *Yurie Niiya*

料理家、管理栄養士。祐成陽子クッキングアートセミナー卒業後、同校講師、アシスタントを経て独立。TV出演や書籍・雑誌、広告などのレシピ開発、フードスタイリング、フードコーディネートを中心に活躍中。野菜たっぷりの作りやすい家庭料理を得意とし、2児の母としての経験を生かしつつ、家族が笑顔になる楽しい食卓づくりができるレシピを提案。著書に『定番おかずがぜ〜んぶおいしく冷凍できちゃった100』(主婦の友社)、『作りおき やせスープ』(主婦と生活社)など多数。

STAFF

デザイン	野澤享子、杉山さおり (パーマネント・イエロー・オレンジ)
撮影	佐山裕子(主婦の友社)
スタイリング	浜田惠子
調理アシスタント	梅田莉奈
構成・取材・文	早川徳美
編集担当	澤藤さやか(主婦の友社)
商品協力	タイガー魔法瓶株式会社

この本のレシピはタイガー圧力IHジャー炊飯器〈炊きたて〉5.5合炊きの【JPV-A100】を使用して考案し、試作を行いました。紹介しているレシピ内容に関する問い合わせは、下記までお願いいたします。

献立もラクラク
炊飯器におまかせおかず

2023年6月30日　第1刷発行

著　者	新谷友里江
発行者	平野健一
発行所	株式会社主婦の友社
	〒141-0021
	東京都品川区上大崎3-1-1 目黒セントラルスクエア
	電話 03-5280-7537(内容・不良品等のお問い合わせ)
	049-259-1236(販売)
印刷所	大日本印刷株式会社

ⒸYurie Niiya 2023 Printed in Japan
ISBN978-4-07-454190-4

■ 本のご注文は、お近くの書店または主婦の友社コールセンター
　(電話0120-916-892)まで。
＊お問い合わせ受付時間　月〜金(祝日を除く)　10:00〜16:00
＊個人のお客さまからのよくある質問のご案内https://shufunotomo.co.jp/faq/